CW00447920

Detektiv Müller
Goldraub in Berlin

Felix & Theo

Ernst Klett Sprachen
Stuttgart

Leichte Lektüren
Deutsch als Fremdsprache
Goldraub in Berlin *Stufe mittel*

1. Auflage   1 ⁸ ⁷ ⁶ ⁵ ⁴ | 2027 26 25 24 23

Nachfolger von 978-3-12-606474-3 (Das Gold der alten Dame)

Autor und Illustrator: Felix und Theo
Redaktion und Annotationen: Hannah Blumöhr
Unter Mitarbeit von Katrin Wilhelm

Gekürzte Hörfassung gesprochen von Detlef Kügow
Diese Audiodateien sind über Klett Augmented wie auch online verfügbar.
Code **www.klett-sprachen.de: aa6n744**

Layoutkonzeption: Andreas Drabarek
Gestaltung und Satz: Datagroup Int. SRL, Timișoara, Rumänien
Umschlaggestaltung: Andreas Drabarek
Druck und Bindung: Elanders GmbH, Waiblingen

Printed in Germany
ISBN 978-3-12-675119-3

Inhaltsverzeichnis

| Klett-Augmented-App kostenlos downloaden und öffnen | Seite mit **diesem** **Symbol** scannen | Medien laden, direkt nutzen oder speichern |

Vorstellung der Hauptpersonen

Die Hauptpersonen dieser Geschichte sind:

Helmut Müller ist Privatdetektiv. Er beobachtet von seinem Balkon aus merkwürdige Vorgänge im Haus auf der anderen Straßenseite.

Bea Braun arbeitet mit Helmut Müller zusammen. Sie ist seine Sekretärin und bringt ihren Chef auf die entscheidende Idee.

---

7 **Privatdetektiv** Beruf; Person, die ohne die Polizei Ermittlungen macht | 8 **merkwürdig** seltsam, komisch | 9 **Straßenseite** *hier*: gegenüber, am anderen Ende der Straße | 15 **Sekretärin** Beruf; organisiert zum Beispiel die Termine für den Chef | 16 **entscheidende Idee** *hier*: die Lösung

Weitere Personen in der Geschichte

Frau Matzke ist eine reiche alte Dame. Sie wurde in ihrer Wohnung überfallen.

Peter Matzke ist der Sohn von Frau Matzke. Er beauftragt Helmut Müller mit dem Fall.

Elisabeth Broden ist die Nichte von Frau Matzke. Seit einem schweren Unfall lebt sie bei ihrer Tante. Aber sie ist nur selten da.

Gisela Martens ist eine Freundin von Helmut Müller. Sie arbeitet auf der Intensivstation des Rudolf-Virchow-Krankenhauses und kann dem Privatdetektiv einige wichtige Informationen besorgen.

Bernd Klingbeil ist Pfleger im Rudolf-Virchow-Krankenhaus. Seit einigen Tagen wurde er im Krankenhaus nicht mehr gesehen.

---

14 **Intensivstation** Station für schwer verletzte Menschen | 14 **Rudolf-Virchow-Krankenhaus** ein Krankenhaus im Berliner Stadtteil Wedding. Es gehört zum berühmten Berliner Krankenhaus Charité.

Kapitel 1

Im Kühlschrank sind zwei Eier, ein Salat, eine kleine Dose Ölsardinen, ein Joghurt. Sonst nichts. Keine Wurst, kein Fleisch, kein Käse und kein einziges Bier. Für Helmut Müller ist das ein trauriges Wochenende. Besonders ohne Bier ist ein Sonntagabend für diesen Privatdetektiv eine Katastrophe. In Berlin sind alle Geschäfte zu, er kann nichts kaufen. Nichts zu essen, nichts zu trinken und ein schlechtes Programm im Fernsehen. Ach, das Leben ist langweilig und traurig.

Detektiv Müller macht den Kühlschrank zu und geht ins Wohnzimmer. Auf dem Boden liegen Bücher, Zeitungen, Prospekte, eine Hose, ein Pullover.

Helmut Müller ist nicht sehr ordentlich. Er lebt allein in seiner Wohnung und hat auch keine Lust, seine Wohnung sauber zu machen.

Es ist schon elf Uhr abends. Er geht auf seinen Balkon. Es ist ein ruhiger Sommerabend. Nur ab und zu fährt ein Auto durch die Straße. Plötzlich hört Helmut Müller eine Stimme.

„Nein, nicht!", sagt eine Frau.

---

4 **Ölsardinen** kleine Fische in Öl eingelegt | 7 **Katastrophe** ein großes Unglück, etwas sehr Schlechtes | 13 **Boden** das, auf dem man steht; *hier*: Teppich | 14 **Prospekte** Werbung, z.B. Angebote von Supermärkten | 22 **ordentlich** alles hat seinen festen Platz | 27 **Stimme** Töne, die beim Sprechen oder Singen entstehen

„Sei still!", antwortet ein Mann.

Helmut Müller sieht die Frau. Sie geht schnell weg. Der Mann geht in das Haus gegenüber. Müller denkt: ‚Merkwürdig.' Jetzt ist der Sonntagabend nicht mehr langweilig.

5 Jetzt ist Helmut Müller wieder Privatdetektiv! Er bleibt auf dem Balkon und wartet.

Nach einer halben Stunde kommt der Mann wieder aus dem Haus. Er sieht nach links und nach rechts, dann geht er schnell 10 weg. ‚Merkwürdig', denkt Detektiv Müller und bleibt auf dem Balkon. Nach zehn Minuten kommt die Frau wieder zurück. Sie geht zum Haus, öffnet die Tür mit einem Schlüssel. Nach ein paar Minuten geht im 3. Stock das Licht an. Helmut Müller sieht einen Schatten. Dann ist das Licht wieder aus.

15 Die Haustür geht wieder auf. Es ist die Frau. Sie hat eine große Tasche. Die Frau ist sehr nervös und geht schnell weg. Vor der Haustür liegt etwas auf dem Boden. Die Frau hat es verloren. Detektiv Müller geht runter, er geht über die Straße und findet ... einen Schlüssel. Er probiert den Schlüssel, aber er 20 passt nicht zu der Tür.

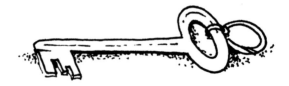

---

3 **gegenüber** auf der anderen Straßenseite | 14 **Schatten** *hier*: Umriss einer Person |
15 **aufgehen** *hier*: öffnen | 17 **Boden** *hier*: Erde, Straße

Kapitel 2

Am nächsten Morgen steht Helmut Müller um 9 Uhr auf.
Um 11 Uhr muss er im Büro sein. Dort hat er einen Termin
mit einem Ehemann, der wissen will, was seine Frau macht. 5
Routine.
Das Wetter ist schön. Detektiv Müller macht sich sein
Frühstück auf dem Balkon. So kann er in der Sonne sitzen. Er
liebt die Sonne, besonders beim Frühstück.
Vor dem Haus gegenüber stehen ein Rettungswagen und ein 10
Polizeiauto.
‚Merkwürdig‘, denkt Helmut Müller. Er beschließt, nach
unten zu gehen.

Als er vor der Tür steht, kommen Leute aus dem Haus; 15
die Männer vom Rettungsdienst tragen eine Frau auf einer
Bahre und schieben sie ins Auto. Hinter ihnen zwei Polizisten,
Kommissar Schweitzer und ein Kollege. Detektiv Müller kennt
den Kommissar.
„Na, was gibt's denn hier Schönes?", fragt Helmut Müller. 20
Der Kommissar sagt:
„Was machen Sie denn hier?"
„Ich wohne gegenüber", antwortet der Privatdetektiv, „Was
ist passiert?"

---

6 **Routine** etwas, was man immer wieder macht | 10 **Rettungswagen** Krankenwagen,
bringt Verletzte ins Krankenhaus | 12 **beschließen** entscheiden | 16 **Rettungsdienst**
Ärzte, die sich um Kranke und Verletzte kümmern | 17 **Bahre** ein Gestell, auf dem
Kranke, Verletzte und Tote getragen werden | 18 **Kommissar** Beruf, Polizist

Kommissar Schweitzer antwortet:

„Eine alte Dame im 3. Stock hatte heute Nacht Besuch. Sehr unangenehmen Besuch. Eine Nachbarin fand sie heute früh. Sie lag auf dem Boden ihres Wohnzimmers, bewusstlos. Die Besucher haben auch die Wohnung durchsucht, vielleicht auch etwas gefunden, aber das wissen wir noch nicht."

Helmut Müller fragt:

„Wohnt sie allein?"

„Ja und nein. Manchmal wohnt eine Nichte bei ihr, aber die ist viel unterwegs. Haben Sie denn etwas gesehen heute Nacht?", fragt der Kommissar.

Der Detektiv antwortet:

„Nun ja, schon. So um 23 Uhr sah ich eine Frau und einen Mann vor der Haustür. Aber es war ziemlich dunkel."

„Wie alt waren die beiden?", fragt Kommissar Schweitzer.

Helmut Müller sagt:

„Schwer zu sagen. So um die dreißig vielleicht."

Kommissar Schweitzer fragt weiter:

„Haarfarbe, besondere Kennzeichen?"

„Kann ich wirklich nicht sagen. Es war einfach zu dunkel", antwortet Detektiv Müller.

Der Kommissar ist sauer. Erstens mag er keine Privatdetektive, zweitens sind die Informationen von diesem Herrn Müller nicht zu gebrauchen. Aber er ist höflich. Also sagt er: „Vielen Dank, Herr Müller, Sie haben uns sehr geholfen."

---

4 **bewusstlos** nicht wach | 14 **ziemlich** *hier*: sehr | 19 **Kennzeichen** ein Merkmal, an dem man jemanden erkennen kann | 24 **gebrauchen** *hier*: gut, Helmut Müller hat keine neuen Informationen.

Kapitel 3

Um 11 Uhr ist Detektiv Müller in seinem Büro.

Er sagt: „Guten Morgen, Bea! Hatten Sie ein schönes Wochenende?"

Bea Braun antwortet: „Morgen, Chef. Es war wunderschön. Ich war mit Johannes im Theater des Westens. Er hatte Karten für CATS! Möchten Sie einen Kaffee?"

„Gern, danke. Aber wer ist Johannes? Ich denke, Ihr Freund heißt Robert?", fragt der Privatdetektiv.

Bea Braun sagt: „Ach, der ...! Mit dem ist es aus, schon seit einer Woche."

„Ach so!" Helmut Müller mag seine Sekretärin. Sie unterhalten sich oft auch über private Dinge. Sie arbeiten seit ein paar Jahren zusammen. Als er anfing, als Privatdetektiv zu arbeiten, hatte er noch kein Geld für eine Sekretärin. Aber nach einiger Zeit musste er eine Sekretärin suchen und fand Bea Braun.

„Übrigens, Bea, heute Morgen habe ich schon unseren Kommissar Schweitzer gesehen. Direkt vor meiner Haustür." Detektiv Müller erzählt Bea Braun, was er am Abend davor gesehen hat und was der Kommissar ihm gesagt hat.

„Ich möchte wissen, was da passiert ist", sagt der Privatdetektiv.

---

7 **Theater des Westens** bekanntes Musical-Theater im Berliner Stadtteil Charlottenburg |
8 **CATS** Musical von Sir Andrew Lloyd Webber

Bea Braun antwortet: „Aber Chef, Sie wissen doch: Keinen Fall bearbeiten ohne Auftrag! Unsere Finanzen sind diesen Monat sowieso nicht besonders."

„Ich weiß, ich weiß, aber trotzdem..."

---

2 **Auftrag** *hier*: ohne Bezahlung, Arbeit | 2 **Finanzen** Einkünfte, Geld, das man zur Verfügung hat

Kapitel 4

Als Detektiv Müller abends nach Hause geht, klingelt er doch bei der Nachbarin der alten Dame. Vielleicht weiß sie etwas mehr.

„Entschuldigen Sie die Störung, gnädige Frau. Ich wohne gegenüber und ich bin Reporter." Manchmal müssen Privatdetektive lügen. Helmut Müller dachte, dass Reporter ein besseres Image haben. „Ach was, Reporter? Vom Fernsehen?", sagt die Frau, ihre Stimme klingt sofort etwas aufgeregter.

„Nein, von einer neuen Zeitschrift. Wir sind spezialisiert auf die gefährlichen Seiten unserer Stadt", lügt Detektiv Müller weiter.

„Oh, wie interessant. Aber bitte, meinen Namen dürfen Sie nicht schreiben."

„Natürlich nicht. Also, was ist denn heute früh passiert?"

Und die Frau erzählt, dass sie heute früh aufstand, dass sie aus der Wohnung ging wie jeden Tag, dass die Tür ihrer Nachbarin offen war, dass sie den Namen der Nachbarin gerufen hat, dass keine Antwort kam, dass sie dann in die Wohnung ging und dort die Frau fand.

Die Frau erzählt: „Zuerst dachte ich, sie ist tot. Da habe ich sofort die Polizei gerufen. Die arme alte Dame!"

„Lebt sie denn allein?", fragt der Privatdetektiv

Die Nachbarin antwortet: „Ihre Nichte Elisabeth ist manchmal da. Aber die arbeitet als Hostess auf Messen und Kongressen und ist viel unterwegs."

Helmut Müller fragt weiter: „Diese Elisabeth, wie heißt sie weiter?"

---

6 **Störung** *hier*: Substantiv zu stören | 6 **gnädig** wohlwollend, nett, freundlich |
7 **Reporter** Journalist; jemand, der für eine Zeitung arbeitet | 9 **Image** *hier*: haben einen besseren Ruf | 10 **aufgeregt** nervös, unruhig | 11 **spezialisiert** sich in einem Bereich besonders gut auskennen, viel über etwas wissen | 26 **Hostess** Beruf; betreut Gäste bei Messen oder in Hotels | 27 **Kongress** Tagung, großes Treffen, Versammlung

„Elisabeth Broden. Ein komisches Mädchen, so merkwürdig. Ich sage immer, das liegt an dem Unfall", antwortet die Nachbarin.

„Unfall?", möchte Detektiv Müller wissen.

Die Frau sagt: „Na ja, das war, bevor sie zu ihrer Tante zog. Sie hatte einen schweren Unfall. Sie lag fast drei Monate im Rudolf-Virchow-Krankenhaus. Da liegt ihre Tante jetzt auch. Hoffentlich wird sie wieder gesund."

„Sie sagen, Elisabeth Broden ist die Nichte von der alten Dame?", fragt Helmut Müller.

Die Nachbarin erzählt: „Nicht richtig, ich meine, eigentlich nicht. Sie ist eigentlich die Tochter einer Nichte von ihr. Ihr Sohn Peter und sein Sohn, also ihr Enkel, der Friedrich, die leben jetzt auf den Kanarischen Inseln. Aber ihr Mann hat sich damals von seinem Sohn getrennt und ihn enterbt. Er ist nie wieder hier gewesen. Elisabeth wird die einzige Erbin sein. Das hat mir Frau Matzke, also die alte Dame, erzählt."

Nachdem Detektiv Müller sich bedankt hatte und noch einmal versprechen musste, den Namen der Nachbarin nicht zu veröffentlichen, ging er in seine Wohnung.

‚Ganz schön kompliziert, diese Familienverhältnisse‘, denkt er. Er nimmt einen Zettel und macht eine Übersicht:

---

15 **enterben** jemanden von seinem Erbe ausschließen | 16 **Erbin** eine Person, die das gesamte Geld bekommt, wenn eine andere Person stirbt | 22 **Familienverhältnisse** Art und Weise wie eine Familie lebt | 23 **Übersicht** Zeichnung, Darstellung

Frau Matzke ∞ Herr Matzke

gestern Nacht überfallen,
sehr reich.
Schmuck?
Lebte früher in Kanada.

Tot.
Vorher Sohn
enterbt.

Elisabeth Broden

Unfall.
Dann bei Frau M.
Selten zu Hause,
Hostess.

John Peter

Enterbt.
Lebt auf
Kanarischen Inseln

John Friedrich

Keine Information

Kapitel 5

Am nächsten Morgen ruft Helmut Müller im Rudolf-Virchow-Krankenhaus an. Eine Freundin von ihm, Gisela Martens, arbeitet dort auf der Intensivstation. Sie verabreden sich für den Nachmittag.

Am Nachmittag geht der Privatdetektiv ins Krankenhaus und trifft dort Gisela Martens auf einen Kaffee.

„Na, Helmut, was kann ich für dich tun? Du willst doch bestimmt etwas wissen, oder? Du hast dich schließlich seit Monaten nicht gemeldet!"

„Nun ja, du weißt, die Arbeit, die Arbeit ... Aber es stimmt, du kannst mir helfen. Erinnerst du dich an eine Patientin namens Elisabeth Broden? Autounfall. Sie lag drei Monate bei euch", antwortet Helmut Müller.

„Ach ja, das weiß ich noch genau. Ich habe mich zeitweise um die beiden Mädchen gekümmert. Es war wirklich furchtbar."

Detektiv Müller fragt: „Die beiden?"

„Na ja, es waren zwei Autos. Frontal zusammengestoßen. Zwei junge Frauen. Die eine war sehr schwer verletzt, aber die andere hat es nicht überlebt. Die beiden lagen zusammen im gleichen Zimmer. Als sie starb, war ich allerdings nicht im Dienst", erzählt Gisela Martens.

„Kennst du jemanden, der zu der Zeit Dienst hatte?", fragt Helmut Müller.

---

18 **Patientin** eine Person, die von einem Arzt behandelt wird | 18 **namens** mit dem Namen | 24 **frontal zusammengestoßen** Die Autos sind direkt vorne ineinander gefahren. | 26 **nicht überleben** sterben

„Warte mal, ja, ein Pfleger, Bernd Klingbeil, aber den habe ich die letzten Tage nicht gesehen. Vielleicht hat er Ferien. Ich kann aber mal im Archiv nachsehen, wenn dich das interessiert."

„Das wäre phantastisch", ruft Helmut Müller aus.

„Darf ich denn noch meinen Kaffee austrinken, Herr Privatdetektiv, oder haben Sie es sehr eilig?", fragt Gisela Martens scherzhaft.

„Entschuldige, Gisela. Natürlich trinken wir erst mal den Kaffee aus. Ich bin wirklich sehr unhöflich."

„Schon gut. Warte hier auf mich. Ich bin in fünf Minuten wieder hier."

Als Gisela zurückkommt, wirkt sie sehr irritiert.

„Das ist wirklich komisch. Die Unterlagen von Elisabeth Broden sind weg. Verschwunden. Nichts, absolut nichts."

„Was? Und die Sachen von der anderen?", möchte Detektiv Müller wissen.

„Keine Ahnung. Soll ich nachsehen?", antwortet Gisela Martens.

„Bitte, sei so lieb."

Nach einigen Minuten kommt Gisela zurück, völlig verwirrt.

„Das verstehe ich nicht. Diese Unterlagen sind auch weg. Das gibt's doch gar nicht. Das ist mir noch nie passiert."

Helmut Müller entgegnet:

„Schade. Nichts zu machen. Besuchen wir jetzt die alte Dame?"

---

3 **Archiv** Hier werden alte Dokumente und Informationen gesammelt. | 4 **phantastisch** *hier*: sehr gut | 9 **unhöflich** nicht nett | 12 **wirken** *hier*: ist | 12 **irritiert** verwundert | 14 **verschwunden** weg | 25 **völlig** sehr | 25 **verwirrt** verwundert, irritiert | 26 **Unterlagen** *hier*: Informationen, Dokumente

Kapitel 6

Als Helmut Müller und Gisela Martens das Zimmer 201 betreten, sagt Frau Matzke: „Bist du es, Lisbethchen?"

„Nein, ich bin's, die Krankenschwester. Aber Elisabeth wird sicher bald kommen, Frau Matzke." 5

Die alte Frau schließt die Augen und schläft ein. Sie sieht sehr klein und müde aus in ihrem Krankenbett. Vorsichtig macht Gisela die Tür zu und sagt zu Helmut Müller: „Du kannst jetzt nicht mit ihr sprechen. Vielleicht in ein paar Tagen." 10

Ein Mann spricht Gisela Martens an. „Entschuldigen Sie, liegt hier Frau Matzke? Ich bin ihr Sohn, Peter Matzke."

Ein braun gebrannter Mann, etwa 40 Jahre alt, mit einem Strauß Blumen in der Hand, steht vor Detektiv Müller und 15 Gisela Martens.

‚Das nenn ich Glück im Unglück', denkt Helmut Müller.

„Gestatten Sie, dass ich mich vorstelle: Müller. Privatdetektiv Müller. Ihre Mutter schläft gerade. Wenn ich Ihnen irgendwie weiterhelfen kann...?" 20

Peter Matzke ist verwirrt: „Wieso Privatdetektiv? Ich denke, die Polizei kümmert sich um den Fall?"

„Natürlich, natürlich, aber falls Sie mich brauchen, hier ist meine Karte. Rufen Sie mich doch einfach an, vielleicht weiß ich einige Dinge, die die Polizei nicht weiß...", antwortet 25 Helmut Müller und gibt dem immer noch verwirrten Mann seine Visitenkarte und verabschiedet sich.

Er geht mit Gisela zum Ausgang. „Also, vielen Dank, Gisela. Ich ruf dich in den nächsten Tagen bestimmt an, dann gehen wir mal essen, o.k.?" 30

---

4 **betreten** in das Zimmer gehen | 14 **braun gebrannt** von der Sonne gebräunt | 18 **gestatten** erlauben

Kapitel 7

Detektiv Müller geht zurück in sein Büro. Eigentlich will er lieber den Fall der alten Dame weiter untersuchen, aber: ohne Auftrag kein Geld. Da hat seine Mitarbeiterin schon Recht.

„Hallo, Bea, wie geht's, wie steht's? Was machen die Geschäfte? Gibt's was Neues?", fragt er seine Mitarbeiterin.

„Oh ja, Chef. Ein Herr Peter Matzke hat angerufen. Eine ganz reizende Stimme hat der. Und er war sehr charmant", antwortet Bea Braun.

„Schon gut, schon gut. Was hat er gesagt? Das interessiert mich mehr als seine Stimme."

„Er möchte Sie sprechen. Um 3 Uhr wird er hier im Büro sein. Das ist doch in Ordnung, oder?", fragt Bea Braun.

„Um drei? Unmöglich, ich muss vorher noch zu dieser eifersüchtigen Ehefrau, die ihren Mann überwachen will. Habe ich Ihnen das nicht gesagt? Na, egal, um halb vier bin ich dann hier. So lange müssen Sie sich mit diesem Herrn Matzke unterhalten. Übrigens hat er nicht nur eine reizende Stimme, sondern sieht auch noch gut aus. Also Vorsicht, meine Liebe!"

Als Detektiv Müller um halb vier zurückkommt, sitzen Bea Braun und Peter Matzke in seinem Büro, trinken Kaffee und unterhalten sich bestens.

„Tag, Herr Matzke, tut mir leid, dass ich jetzt erst komme, ich musste noch etwas erledigen", entschuldigt sich der Privatdetektiv.

„Guten Tag, Herr Müller, das macht nichts, ich habe mich wunderbar mit Frau Braun unterhalten...", beruhigt ihn Herr Matzke.

---

9 **reizend** *hier*: nett, toll | 9 **charmant** nett | 16 **eifersüchtig** misstrauisch; Adjektiv zu Eifersucht | 16 **überwachen** jemanden über eine längere Zeit beobachten | 26 **erledigen** machen

„Das freut mich. Was kann ich für Sie tun?"

Peter Matzke erzählt: „Nun, ich möchte, dass Sie sich um den Fall kümmern. Was ich bisher von der Polizei gehört habe, ist ein bisschen dünn. Das Merkwürdigste ist: Der Dieb oder die Diebe haben den goldenen Familienschmuck gestohlen."

„Wieso ist das merkwürdig?", fragt der Privatdetektiv.

„Mein Vater ließ damals von dem Schmuck eine Kopie machen. Aus Sicherheitsgründen. Eine sehr gute Kopie. Die Kopie ist noch da, das Original aber ist verschwunden, obwohl es sehr gut versteckt war."

„Also wussten die Diebe oder der Dieb sehr gut Bescheid", sagt Bea Braun, die die ganze Zeit aufmerksam zugehört hatte.

„Und außerdem ist diese Elisabeth Broden verschwunden", ergänzt Helmut Müller.

„Sagen Sie, Herr Matzke, könnte ich mir die Wohnung einmal ansehen?", fragt der Privatdetektiv.

„Natürlich, ich habe die Schlüssel von meiner Mutter. Wir können uns morgen früh vor der Wohnung treffen. So um 9 Uhr?", fragt Peter Matzke.

„Einverstanden. Wir sehen uns dann morgen."

Peter Matzke verabschiedet sich von Bea Braun und Herrn Müller.

„Ein wirklicher Gentleman, dieser Peter Matzke, finden Sie nicht auch, Chef?", sagt Bea Braun.

„Ja, ja, schon gut. Hauptsache, wir haben den Auftrag und er zahlt gut."

---

3 **bisher** bis jetzt | 5 **Familienschmuck** teure Ohrringe und Ketten einer Familie, die vererbt werden | 5 **stehlen** ohne Erlaubnis nehmen | 7 **Kopie** Nachbildung, zweite Version | 8 **Sicherheitsgründe** damit nicht das Original gestohlen wird | 12 **aufmerksam** konzentriert, *hier*: genau | 14 **ergänzen** *hier*: sagen | 20 **einverstanden** *hier*: okay | 21 **verabschieden** „Tschüss" sagen | 23 **Gentleman** gebildeter Mann mit einer guten Erziehung

Kapitel 8

Als Helmut Müller abends nach Hause kommt, ist der Eisschrank immer noch so leer wie am Sonntagabend. Er hat keine Lust, allein zu sein, und ruft Gisela Martens an. Vielleicht   5
hat sie Zeit und geht mit ihm essen.

„Hallo, Gisela, wollen wir zusammen essen gehen?"

„Hallo, Helmut. So ein Zufall! Ich wollte dich auch gerade anrufen. Ich habe noch mal in den Unterlagen nachgesehen, du weißt schon, wegen der zwei jungen Frauen mit dem Autounfall.   10
Ich habe den Namen und die Adresse von dem anderen Mädchen bei unserer Verwaltung gefunden. Interessiert dich das?", fragt sie den Privatdetektiv.

„Na klar. Warte, ich hol mir schnell was zum Schreiben... Also los!", antwortet Helmut Müller.   15

„Also, sie hieß Ingeborg Arm und sie wohnte in der Augsburger Str. 42, 3. Stock."

„Gisela, du bist phantastisch. Wollen wir jetzt zusammen essen gehen?"

„Gern, wie wär's in einer halben Stunde in der Pizzeria am   20
Savignyplatz?", antwortet Gisela Martens.

„Alles klar, bis gleich, meine Liebe."

Helmut Müller ist zufrieden. Der Abend ist gerettet.

---

8 **Zufall** etwas ist nicht geplant | 12 **Verwaltung** Hier werden die Adressen und Daten der Patienten verwaltet und Aufenthalte im Krankenhaus abgerechnet. Die Verwaltung organisiert das Krankenhaus. | 21 **Savignyplatz** ein Platz im Berliner Stadtteil Charlottenburg, in der Nähe vom Ku-Damm in der Kantstraße | 23 **Der Abend ist gerettet.** *Hier*: Er ist nicht allein und hat etwas zu essen.

Kapitel 9

Am nächsten Tag um 9 Uhr treffen sich Helmut Müller und
Peter Matzke in der Wohnung von Frau Matzke. Die Wohnung
ist voll mit alten Möbeln, alten Gemälden, alten Teppichen.
Im Wohnzimmer steht ein altes Klavier. „Ich möchte gern das
Zimmer von Elisabeth sehen", sagt Detektiv Müller.

„Ich glaube, es ist dahinten, neben dem Esszimmer. Aber ich
weiß es nicht sicher, ich habe die Wohnung viele Jahre nicht
gesehen." Die Stimme von Matzke klingt ein bisschen traurig.

Elisabeths Zimmer hat nur wenige Möbel: einen Tisch, ein
Bett, einen Schrank, einen Schreibtisch. Auf dem Schreibtisch
liegen einige Papiere, Briefe, Postkarten und ein Foto. Das Foto
zeigt eine junge Frau im Badeanzug.

„Ist das Elisabeth?", fragt Helmut Müller.

„Keine Ahnung. Als ich sie zum letzten Mal gesehen habe,
war sie 5 oder 6 Jahre alt", antwortet Peter Matzke.

Auf der Rückseite des Fotos steht ein Satz: „Das ist sie. Bernd"

„Merkwürdig. Kennen Sie einen Bernd?", möchte der
Privatdetektiv wissen.

„Nein", entgegnet Peter Matzke.

---

5 **Gemälde** gemaltes Bild | 14 **Badeanzug** Kleidungsstück für die Frau beim
Schwimmen | 18 **Rückseite** hinten

‚Bernd. Bernd. Wo habe ich diesen Namen in den letzten Tagen gehört?' Der Privatdetektiv Müller denkt nach, aber er erinnert sich nicht. Dann fällt es ihm ein.

‚Bernd... Doch, der Pfleger im Krankenhaus, aber das ist vielleicht ein Zufall.'

Sie gehen aus der Wohnung. Auf der Straße fragt Helmut Müller:

„Was haben Sie vor, Herr Matzke? Haben Sie Lust, mit mir eine andere Wohnung anzuschauen?"

„Was für eine Wohnung?", antwortet Peter Matzke.

„Die Wohnung des Mädchens, das bei dem Unfall ums Leben gekommen ist. Vielleicht finden wir irgendetwas."

Kapitel 10

Detektiv Müller und Peter Matzke nehmen ein Taxi und fahren in die Augsburger Straße. Vor dem Haus Nr. 42 steigen sie aus. Helmut Müller ist nervös. Er probiert den Schlüssel, den er Sonntagnacht vor der Haustür der alten Frau Matzke gefunden hat. Er passt.

„Aber, Herr Müller...", Peter Matzke ist verwirrt.

Helmut Müller beruhigt ihn: „Ruhig, ich erkläre Ihnen das später."

Sie gehen in den dritten Stock. Wieder probiert Detektiv Müller den Schlüssel. Er passt.

Leise öffnet der Privatdetektiv die Tür. Ein kleiner Flur. Am Ende des Flures ein Badezimmer. Jemand ist unter der Dusche.

Plötzlich öffnet sich die Tür, ein Mann im Bademantel steht vor Helmut Müller und Peter Matzke.

Der Mann fragt: „He, was soll das? Was machen Sie hier? Wer sind Sie?"

„Entschuldigen Sie, das muss wohl ein Missverständnis sein. Lebt hier eine junge Dame mit Namen Ingeborg Arm?", sagt Helmut Müller mit ruhiger Stimme.

„Nein, hier lebt keine junge Dame und Sie haben kein Recht...", antwortet der Mann.

„Wirklich, es tut mir leid, entschuldigen Sie, aber ich dachte, hier wohnt Frau Arm und da die Schlüssel passten...", entgegnet der Privatdetektiv.

„Sagen Sie, wen suchen Sie, wie heißt die? Warten Sie, ich wohne jetzt seit einem Jahr hier, aber hier liegen noch ein paar Sachen rum von dem Mädchen, das hier vorher gewohnt hat. Moment mal."

---

15 **Bademantel** Mantel zum Abtrocknen nach dem Duschen | 19 **Missverständnis** Irrtum, irgendetwas wurde falsch verstanden

Der Mann geht in ein anderes Zimmer und kommt mit einigen Briefen und Postkarten zurück. Sie sind alle an Ingeborg Arm adressiert, viele von ihnen unterschrieben mit „Dein Bernd".

„Na, so ein Zufall", sagt Detektiv Müller. Sie entschuldigen sich noch einmal und verabschieden sich von dem jungen Mann.

Vor dem Haus fragt Peter Matzke: „Also, ich verstehe nichts mehr, Herr Müller. Was ist das für ein Schlüssel, den Sie da haben?"

„Den hat Elisabeth am Sonntagabend vor dem Haus Ihrer Mutter verloren. Ich habe ihn gefunden", antwortet Helmut Müller.

„Aber wieso hat Elisabeth den Schlüssel von einer Frau, die seit einem Jahr tot ist?"

Detektiv Müller sagt: „Das weiß ich auch nicht. Noch nicht. Aber jetzt hab ich erst mal Lust auf eine schöne Tasse Kaffee. Sie auch? Hier um die Ecke gibt es ein nettes Café."

---

3 **adressiert** Ingeborgs Adresse steht auf den Briefen.

Kapitel 11

Am Nachmittag geht Detektiv Müller noch mal in das Haus der alten Frau Matzke. Er will die Nachbarin weiter befragen. Vielleicht kann sie eine genauere Beschreibung von Elisabeth geben.

Auf der Treppe kommt ihm eine junge Frau entgegen. ‚Die sieht fast aus wie Elisabeth‘, denkt er, ‚ein bisschen größer als auf dem Foto.‘

Daher fragt er sie: „Verzeihen Sie, sind Sie Elisabeth Broden?"
„Was? Wer sind Sie? Was wollen Sie?", sagt die Frau zornig.

‚Sie hat Angst‘, denkt Detektiv Müller. Im gleichen Moment zieht die Frau eine Pistole aus ihrer Handtasche.

„Aus dem Weg! Bleiben Sie stehen! Wenn Sie mir folgen, schieße ich!", ruft die Frau.

Hastig rennt sie die Treppe hinunter und ist verschwunden.

„Mist, verdammter Mist!" Helmut Müller flucht und geht vorsichtig die Treppe hinunter. Als er aus der Haustür schaut, ist die Frau weit und breit nicht zu sehen. ‚Wenigstens weiß ich jetzt, wie sie aussieht‘, denkt er.

Anschließend ruft er Kommissar Schweitzer an, um ihm von der Begegnung mit Elisabeth zu erzählen.

Nach dem Telefonat geht Detektiv Müller zurück ins Büro. Er muss mit seiner Mitarbeiterin Bea Braun sprechen.

Vielleicht hat sie eine Idee. Irgendwie passt alles zusammen und auch wieder nicht. „Was meinen Sie, Bea, warum sollte Elisabeth die alte Dame überfallen?"

---

4 **befragen** Fragen stellen | 6 **geben** *hier:* erzählen, sagen | 10 **Verzeihen Sie!** Entschuldigung. Eine Höflichkeitsform, wenn man jemanden Fremdes anspricht. | 13 **Pistole** Waffe, mit der man schießen kann | 14 **folgen** nachgehen | 16 **hastig** schnell, mit großer Eile | 17 **fluchen** im Zorn, wütend etwas sagen | 22 **anschließend** danach

„Ich weiß nicht, Chef, es ist wirklich kompliziert. Warum hat Elisabeth den Schlüssel der Wohnung von Ingeborg? Warum sind die Unterlagen aus dem Archiv des Krankenhauses verschwunden? Wer ist Bernd, dieser Freund von Ingeborg? Ist er auch der Freund von Elisabeth? Sind beide Bernds identisch, Chef?"

„Mensch Bea, wenn beide Bernds identisch sind, dann..." Helmut Müller geht zum Telefon und ruft Kommissar Schweitzer an: „Herr Kommissar, ich muss Sie sofort sprechen. Ich bin in fünf Minuten bei Ihnen."

Dann ruft er Gisela Martens an: „Gisela, ich brauche schon wieder deine Hilfe. Bitte besorge mir die Adresse von diesem Bernd Klingbeil. Irgendwie musst du sie finden, vielleicht fragst du bei der Personalabteilung im Krankenhaus. Wenn du die Adresse hast, ruf den Kommissar Schweitzer an, die Nummer ist 2 25 57 52. Ich bin bei ihm."

Jetzt hat es der Privatdetektiv sehr eilig. „Tschüss, Bea. Wenn was ist, ich bin bei Kommissar Schweitzer."

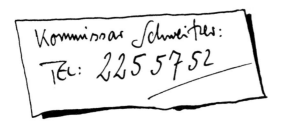

Kommissar Schweitzer:
Tel: 2255752

---

7 **identisch** gleich, derselbe | 14 **Personalabteilung** Bereich in einer Firma, die sich um das Personal/die Mitarbeiter kümmert

Kapitel 12

Eine Stunde später stehen Kommissar Schweitzer, Helmut Müller und ein Spezialkommando der Polizei vor einem kleinen Haus in Tegel.

„Hier spricht die Polizei. Kommen Sie heraus, das Haus ist umstellt. Widerstand ist zwecklos", sagt Kommissar Schweitzer.

Nach einer Minute öffnet sich die Tür, und herauskommen Bernd Klingbeil und Elisabeth Broden.

„Da ist ja unser schönes Pärchen. Herr Klingbeil, Sie sind verhaftet. Frau Broden alias Arm, Sie auch."

---

4 **Spezialkommando** Polizisten mit einer besonderen Ausbildung | 5 **Tegel** ist ein Stadtteil von Berlin. | 7 **Widerstand** Gegenwehr, *hier*: nicht herauszukommen | 7 **zwecklos** ohne Sinn, unnötig | 10 **Pärchen** Verkleinerungsform von Paar

Kapitel 13

Am nächsten Tag treffen sich Herr Matzke, Helmut Müller und Bea Braun im Restaurant des Kempinski-Hotels. Peter Matzke hatte beide eingeladen, um die Lösung des Falles zu erfahren.

„Tja, Herr Matzke, die entscheidende Idee kam von Bea Braun. Sie ist einfach eine geniale Mitarbeiterin."

Bea Braun lächelt und sagt nichts. Peter Matzke lächelt auch: „Und was war die geniale Idee?"

„Sie entdeckte, dass beide Bernds identisch sind. Wenn beide Bernds identisch sind, dann auch Elisabeth und Ingeborg. Als Ingeborg den Unfall hatte und mit Elisabeth im Krankenhaus lag, erfuhr sie, dass Elisabeth eine reiche Tante hatte, zu der sie ziehen wollte. Elisabeth hat Ingeborg das erzählt, bevor sie starb. Bernd hatte die Idee, einfach die Krankenpapiere auszutauschen, und hat sie dann später aus dem Archiv gestohlen. Als Ingeborg wieder gesund war, zog sie zu der alten Frau Matzke und gab sich als ihre Nichte aus", erklärt Detektiv Müller.

„Ja, aber warum dann dieser Überfall?", fragt Peter Matzke.

„Wahrscheinlich hatte Bernd Klingbeil keine Lust mehr zu warten. Die Arbeit im Krankenhaus ist schwer, man verdient sehr wenig, also wollte er das Ganze etwas schneller erledigen. So, und wenn Sie einverstanden sind, möchte ich jetzt bestellen. Ich habe fürchterlichen Hunger und mein Kühlschrank ist absolut leer, also muss ich etwas mehr essen als sonst, verstehen Sie? Herr Ober, bitte!", sagt Helmut Müller.

---

4 **Kempinski-Hotel** eines der elegantesten und teuersten Hotels in Berlin, direkt am Kurfürstendamm | 7 **tja** Ausdruck beim Nachdenken oder bei Verlegenheit | 10 **genial** sehr gut | 16 **Krankenpapiere** Unterlagen | 20 **Überfall** gewaltsamer Angriff, Raub | 23 **erledigen** zum Abschluss/Ende kommen | 25 **fürchterlich** *hier*: sehr groß | 27 **Ober** Beruf; Kellner, jemand, der in einem Restaurant die Gäste bedient

Nach dem Essen fragt Helmut Müller: „Sagen Sie, Herr Matzke, wie geht es denn Ihrer Mutter? Gibt es was Neues aus dem Krankenhaus?"

Peter Matzke antwortet: „Oh, ja. Sie darf nächste Woche wieder nach Hause. Ich werde auf jeden Fall so lange in Berlin bleiben. Ach, Frau Braun, haben Sie vielleicht Lust, mir ein bisschen Berlin zu zeigen, es ist so viele Jahre her, dass ich in dieser Stadt war."

„Aber mit Vergnügen, Herr Matzke, mit Vergnügen. Chef, Sie geben mir doch bestimmt einige Tage frei, oder?", fragt Bea Braun.

Kann in so einer Situation ein verständnisvoller Chef etwas anderes sagen als „Ja, natürlich, meine Liebe"? Genau das hat der Privatdetektiv auch gesagt. Dann hat er den beiden einen schönen Tag gewünscht und sich verabschiedet. In der Halle des Hotels hat er ein Telefon gesucht und Gisela Martens angerufen.

Ende

---

9 **mit Vergnügen** *hier*: sehr gerne

Übungen und Tests zu den Kapiteln

1. Was wissen Sie schon über Helmut Müller?
Bitte kreuzen Sie an:

	☐ fröhlich.
	☐ traurig.
Helmut Müller ist ...	☐ hungrig.
	☐ ordentlich.
	☐ unordentlich.
	☐ dick.
	☐ dünn.

	☐ mittags.
Die Geschichte beginnt ...	☐ morgens.
	☐ abends.

	☐ Es regnet.
Wie ist das Wetter?	☐ Es ist kalt.
	☐ Es ist warm.

2. Wer sagt was? Ordnen Sie zu.

Helmut Müller		er eine Frau und einen Mann gesehen hat.
		die Besucher die Wohnung durchsucht haben.
	sagt, dass	er gegenüber wohnt.
		manchmal eine Nichte bei der alten Frau wohnt.
Kommissar Schweitzer		der Mann und die Frau etwa dreißig Jahre alt sind.

3. Der Freund von Bea Braun heißt ...
   a) Peter.   b) Robert.   c) Johannes.

Was erzählt Helmut Müller alles seiner Sekretärin?
Machen Sie Notizen und fassen Sie zusammen:

abends, Balkon, ein Mann + eine Frau,
am nächsten Morgen,
Kommissar Schweitzer,
alte Frau,
· · · · ·

4. Beantworten Sie folgende Fragen:

Warum sagt Detektiv Müller der Nachbarin, er ist Reporter?

....

Welchen Beruf hat Elisabeth?

....

Wie heißt die alte Dame?

....

Wer lebt auf den Kanarischen Inseln?

....

5. Was gehört zusammen? Verbinden Sie mit einem Pfeil:

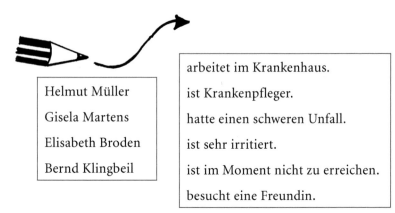

| Helmut Müller |
| Gisela Martens |
| Elisabeth Broden |
| Bernd Klingbeil |

arbeitet im Krankenhaus.

ist Krankenpfleger.

hatte einen schweren Unfall.

ist sehr irritiert.

ist im Moment nicht zu erreichen.

besucht eine Freundin.

6. Was wissen Sie über Peter Matzke? Streichen Sie die falschen Informationen.

Wohnort: Spanisches Festland • Kanarische Inseln • Kroatien • Griechische Insel

Aussehen: braun gebrannt • klein • lange Haare • dick groß • blass • kurze Haare

7. Was geschah wann? Ordnen Sie die Sätze in der richtigen zeitlichen Reihenfolge.

	Bea Braun und Peter Matzke trinken zusammen Kaffee und unterhalten sich.
	Peter Matzke beauftragt Helmut Müller den Fall zu lösen.
	Bea Braun erzählt Helmut Müller vom Anruf eines Peter Matzkes.
	Helmut Müller geht zurück ins Büro.

8. Hier sind einige Titel für dieses Kapitel. Welcher gefällt Ihnen am besten? Warum?

☐ Der Zufall
☐ Das andere Mädchen
☐ Die Verabredung
☐ Pizza am Savignyplatz

9. Richtig oder falsch? Bitte kreuzen Sie an:

	r	f
Detektiv Müller und Peter Matzke treffen sich im Büro.	☐	☐
Das Zimmer von Elisabeth ist voller Möbel.	☐	☐
Peter Matzke kennt die Wohnung nicht gut.	☐	☐
Peter Matzke und Helmut Müller fahren in eine andere Wohnung.	☐	☐

10. Wer macht was? Verbinden Sie mit einem Pfeil :

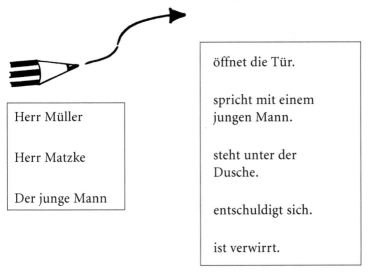

Herr Müller

Herr Matzke

Der junge Mann

öffnet die Tür.

spricht mit einem jungen Mann.

steht unter der Dusche.

entschuldigt sich.

ist verwirrt.

11. Telefongespräche ...
Mit wem telefoniert Herr Müller? Bitte kreuzen Sie an:

Er telefoniert mit ...
☐ Herrn Matzke.   ☐ Herrn Schweitzer.
☐ Frau Broden.   ☐ Frau Martens.
☐ Frau Braun.   ☐ Herrn Klingbeil.

12. und 13. Beantworten Sie folgende Fragen:
Warum kam die entscheidende Idee von Bea Braun?

....

Welche Rolle spielt Bernd Klingbeil?

....

Bleibt Herr Matzke in Berlin?

....

Wann darf Frau Matzke aus dem Krankenhaus?

....

Was macht Helmut Müller nach dem gemeinsamen Essen?

....

Lösungen zu den Übungen

1. Was wissen Sie schon über Helmut Müller?
Bitte kreuzen Sie an:

	☐ fröhlich.
	☑ traurig.
Helmut Müller ist …	☐ hungrig.
	☐ ordentlich.
	☑ unordentlich.
	☐ dick.
	☐ dünn.

	☐ mittags.
Die Geschichte beginnt …	☐ morgens.
	☑ abends.

	☐ Es regnet.
Wie ist das Wetter?	☐ Es ist kalt.
	☑ Es ist warm.

2. Wer sagt was? Ordnen Sie zu.
Helmut Müller sagt, dass er eine Frau und einen Mann gesehen hat.
Helmut Müller sagt, dass er gegenüber wohnt.
Helmut Müller sagt, dass der Mann und die Frau etwa dreißig Jahre alt sind.

Kommissar Schweitzer sagt, dass die Besucher die Wohnung durchsucht haben.
Kommissar Schweitzer sagt, dass manchmal eine Nichte bei der alten Frau wohnt.

3. Der Freund von Bea Braun heißt Johannes.

Was erzählt Helmut Müller alles seiner Sekretärin?
Notizen
abends, Balkon, ein Mann + eine Frau, am nächsten Morgen, Kommissar Schweitzer, alte Frau, unangenehmer Besuch, bewusstlos im Wohnzimmer, Mann und Frau um die dreißig

Zusammenfassung: Helmut Müller erzählt seiner Sekretärin, dass er gestern Abend einen Mann und eine Frau beobachtet hat. Von seinem Balkon aus konnte er sie sehen. Am nächsten Morgen hat er Kommissar Schweitzer getroffen. Der Kommissar hat erzählt, dass eine alte Frau in der Nacht unangenehmen Besuch hatte. Sie lag bewusstlos im Wohnzimmer. Der Besuch hat die ganze Wohnung durchsucht. Kommissar Schweitzer weiß noch nicht, ob die Täter etwas gefunden haben. Helmut Müller schätzt, dass die beiden Personen um die dreißig Jahre alt sind.

4. Beantworten Sie folgende Fragen:
Warum sagt Detektiv Müller der Nachbarin, er ist Reporter?
Er denkt, dass Reporter ein besseres Image als Privatdetektive haben.

Welchen Beruf hat Elisabeth?
Elisabeth arbeitet als Hostess auf Messen und Kongressen.

Wie heißt die alte Dame?
Die alte Dame heißt Frau Matzke.

Wer lebt auf den Kanarischen Inseln?
Peter Matzke, der Sohn von Frau Matzke, und der Enkel Friedrich leben auf den Kanarischen Inseln.

5. Was gehört zusammen? Verbinden Sie mit einem Pfeil:
Helmut Müller besucht eine Freundin.
Gisela Martens arbeitet im Krankenhaus.
Gisela Martens ist sehr irritiert.
Elisabeth Broden hatte einen schweren Unfall.
Bernd Klingbeil ist Krankenpfleger.
Bernd Klingbeil ist im Moment nicht zu erreichen.

6. Was wissen Sie über Peter Matzke? Streichen Sie die falschen Informationen. Hier sehen Sie die korrekten Angaben:

Wohnort: Kanarische Inseln
Aussehen: groß, kurze Haare, braun gebrannt

7. Was geschah wann? Ordnen Sie die Sätze in der richtigen zeitlichen Reihenfolge.

3	Bea Braun und Peter Matzke trinken zusammen Kaffee und unterhalten sich.
4	Peter Matzke beauftragt Helmut Müller den Fall zu lösen.
2	Bea Braun erzählt Helmut Müller vom Anruf eines Peter Matzkes.
1	Helmut Müller geht zurück ins Büro.

8. Hier sind einige Titel für dieses Kapitel. Welcher gefällt Ihnen am besten? Warum?

Individuelle Lösung: Mir gefällt „Der Zufall" am besten, da Helmut Müller und Gisela Martens sich zufällig gegenseitig anrufen wollten.

9. Richtig oder falsch? Bitte kreuzen Sie an:

Detektiv Müller und Peter Matzke treffen sich im Büro.	*falsch*
Das Zimmer von Elisabeth ist voller Möbel.	*falsch*
Matzke kennt die Wohnung nicht gut.	*richtig*
Matzke und Helmut Müller fahren in eine andere Wohnung.	*richtig*

10. Wer macht was? Verbinden Sie mit einem Pfeil:

Herr Müller spricht mit einem jungen Mann.
Herr Müller entschuldigt sich.
Herr Müller öffnet die Tür.
Herr Müller ist nervös.
Herr Matzke ist verwirrt.
Der junge Mann steht unter der Dusche.

11. Telefongespräche …

Mit wem telefoniert Herr Müller? Bitte kreuzen Sie an:
Er telefoniert mit …

☐ Herrn Matzke.
☐ Frau Broden.
☐ Frau Braun.
☑ Herrn Schweitzer.
☐ Frau Mertens.
☐ Herrn Klingebeil.

12. und 13. Beantworten Sie folgende Fragen:
Warum kam die entscheidende Idee von Bea Braun?
Die entscheidende Idee kam von Bea Braun, weil sie eine geniale Mitarbeiterin ist. Sie entdeckte, dass beide Bernds identisch sind.

Welche Rolle spielt Bernd Klingbeil?
Bernd Klingbeil hatte die Idee, die Krankenpapiere von Elisabeth Broden und Ingeborg Arm auszutauschen. Später hat er sie dann aus dem Archiv gestohlen.

Bleibt Herr Matzke in Berlin?
Ja, er bleibt solange in Berlin, bis seine Mutter wieder nach Hause darf.

Wann darf Frau Matzke aus dem Krankenhaus?
Frau Matzke darf nächste Woche wieder nach Hause.

Was macht Helmut Müller nach dem gemeinsamen Essen?
Er hat sich von Bea Braun und Herrn Matzke verabschiedet und Gisela Martens angerufen.